Bunte Maskerade

Masken werden schon seit der Antike zu religiösen und rituellen Zwecken und in Theater und Kunst verwendet. Menschen verbergen sich gern hinter Masken, nicht nur, um ihre Identität zu verschleiern, sondern auch, um Merkmale ihrer Persönlichkeit zu unterstreichen oder um eine bestimmte Rolle zu spielen.
Kinder lieben aus denselben Gründen das Spiel mit der Maske, sie können mit ihr in verschiedene Rollen schlüpfen und so tun, „als ob" sie ein tapferer Ritter oder ein edles Burgfräulein wären.
In diesem Buch finden sie zahlreiche Masken und Hüte, die diesem Spiel entgegenkommen. Wikinger- und Ritterhelm, Wassermannkrone und Waldgeistermaske entführen die Kinder in ganz unterschiedliche Welten. Dazu gibt es noch viele lustige Tiermasken, Ufos und einen Hut samt Tasche für eine „feine Dame".
Alle Masken und Hüte werden aus Papier hergestellt, neben Bastelkartons finden auch Papiertüten und Pappteller Verwendung. Die meisten sind schnell angefertigt und sofort einsatzbereit. Sie sollten nur darauf achten, dass die Vorlagen der Kopfgröße Ihres Kindes angepasst werden. Meist reicht es zum Beispiel schon, die Augenöffnungen leicht zu vergrößern.

Viel Spaß beim Basteln,
Verkleiden und Spielen!

Ernestine Fittkau

Zu Material und Technik

Papiere

Tonkarton, 220 g/qm, geprägt oder genarbt; Fotokarton, 300 g/qm; Bastelkarton mit Motiven, 220 g/qm, auf der Rückseite unifarben; Bastelwellpappe, 300 g/qm.

Hilfsmittel

Folgende Hilfsmittel werden grundsätzlich benötigt und sind bei den Einzelbeschreibungen nicht mehr extra aufgeführt:

- Bleistift,
- Kohlepapier, Architektenpapier, dünner Karton für Schablonen,
- Filzstifte in Rot, Schwarz,
- Buntstift in Rot (für Wangen),
- Lineal, Maßband,
- Schere, Cutter, Schneideunterlage,
- Falzbein,
- UHU Alleskleber, UHU stic (Klebestift),
- Niedertemperatur-Pistole, z. B. UHU pistole LT 110,
- Hutgummi in Weiß oder Schwarz,
- Lochzange oder spitze Stopfnadel,
- Heftgerät mit Klammern,
- Wäsche- oder Büroklammern.

Vorlagen übertragen

Auf dem Vorlagebogen sind die Motive in Originalgröße abgebildet. Bei symmetrischen Masken ist die Hälfte der Form dargestellt.

Die Konturen der Vollformen direkt mit Kohlepapier auf das Bastelpapier pausen. Bei halben Formen eine Schablone aus Karton anfertigen. Dazu das Motiv auf festes Transparentpapier pausen, mit einem Klebestift flächig auf dünnen Karton kleben und die Umrisse ausschneiden. Die Schablone auf das Bastelpapier legen und mit Bleistift umfahren. Die Schablone an der Spiegellinie wenden, an die Bruchlinie der bereits gezeichneten Form anlegen und den Umriss nachzeichnen.

Ausschneiden

Beim Schneiden die Paus- oder Bleistiftlinien mit wegschneiden. Augenausschnitte mit der Silhouettenschere oder dem Cutter ausführen und dem Kind individuell anpassen, d. h. in der Regel etwas vergrößern.

Masken befestigen

Die fertige Maske vor das Gesicht des Kindes halten, sodass es hindurchsehen kann. Den Punkt markieren, der vom Auge aus eine Waagrechte zum Ohr bildet. Hier ein Loch mit der Lochzange stanzen oder mit der Nadel einstechen. Den Hutgummi einziehen und verknoten, an der anderen Seite ebenso verfahren. Die Länge des Gummis richtet sich nach dem Kopfumfang.

Piraten

Abbildung und Materialangaben Seite 6/7

1 Alle Teile aus Ton- bzw. Bastelkarton ausschneiden, die Ausschnitte von Augen und Nase mit einem Cutter ausführen.

2 Die Masken der Abbildung entsprechend zusammenkleben: Der Pirat mit blauem Kopftuch (A1 – A3) erhält ein Halstuch und einen Ohrring aus Acrylperlen. Beim Seeräuber mit gelbem Kopftuch (C1 – C3) eine Augenklappe, Kopftuch und einen Nasenohrring anbringen. Den Seeräuber mit rotem Kopftuch (B1 – B3) mit Augenklappe und einem großen Ohrring ausgestalten, das Kopftuch mit Punkten und Streifen verzieren.

3 Jeweils Mund und Zähne aufkleben. Wangenpunkte mit einem roten Buntstift aufmalen und die Farbe mit der Fingerspitze leicht verreiben. Mit einem schwarzen Filzstift alle Linien und Punkte aufzeichnen.

4 An beiden Seiten ein Loch stanzen oder stechen, Hutgummi einziehen und verknoten (siehe Seite 4).

Piraten

Material

- Geprägter Tonkarton in Weiß, Gelb, Rot, Blau, Hellbraun, Mittelbraun, Schwarz
- Glanzkarton in Silber, Gold
- Happy Papers – Ganzjahresmotive: „Karos“ in Rot
- Happy Papers – Ganzjahresmotive: „Streifen“ in Gelb
- Ohrring mit Acrylperlen; alternativ: Silberdraht und Acrylperlen
- Eventuell Motivlocher „Kreis“, klein

Vorlagen

A1 – A3, B1 – B3, C1 – C3

Anleitung Seite 5

Ernestine Fittkau

Lustige Masken & Hüte

CREATIV COMPACT

CHRISTOPHORUS

Inhalt

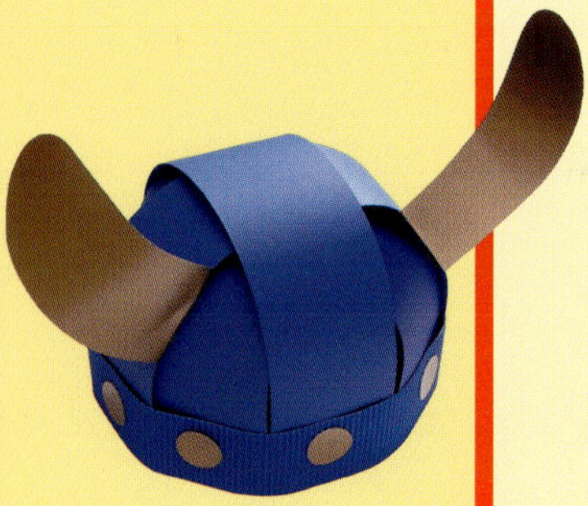

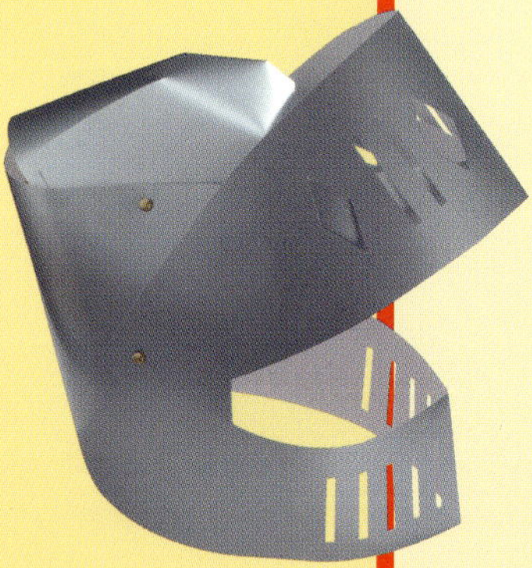

Wikinger

Material

- Fotokarton in Rot, Blau, Gold, Silber, Schwarz
- Bastelwellpappe in Rot, Blau
- Eventuell Motivlocher „Kreis“, groß

Vorlage D

1 Den Kopfumfang des Kindes messen und 5 cm addieren. Aus Wellpappe einen 5 cm breiten Streifen von entsprechender Länge ausschneiden und so zusammenheften, dass er fest auf dem Kopf sitzt.

2 Für jeden Helm vier Streifen Fotokarton, 40 x 7 cm, zuschneiden und in den Wellpappering kleben oder heften: Erst zwei Streifen rechtwinklig übereinanderlegen und befestigen, dann die anderen beiden Streifen diagonal (ebenfalls rechtwinklig) festheften.

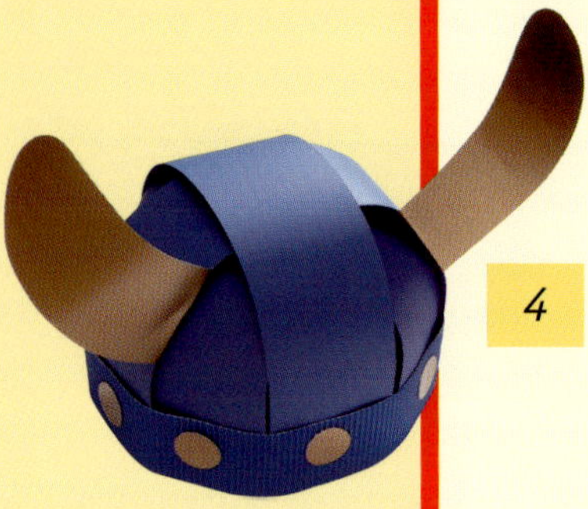

3 Die Hörner nach Vorlage D ausschneiden, an der angegebenen Linie vorfalzen, knicken und innen an einen Streifen der Helmform festkleben.

4 Kreise ausstanzen oder ausschneiden (siehe Vorlage) und über die Heftklammern kleben.

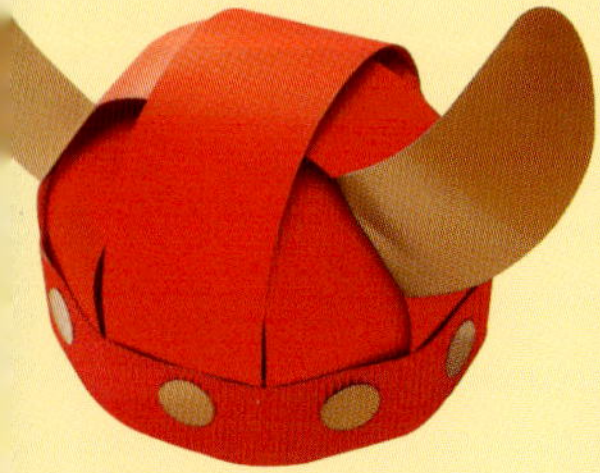

Waldgeister

Abbildung und Materialangaben Seite 10/11

1 Die Tüten am offenen Rand bei Bedarf kürzen, sie sollten sicher auf dem Kopf sitzen und nicht kippen.

2 An den Tütenrändern Fransen einschneiden. Augen- und Mundöffnungen mit einem Cutter ausschneiden (eine dicke Lage Zeitungspapier als Schneideunterlage einstecken).

3 Wangen mit rotem Buntstift auftragen und mit angefeuchteter Fingerspitze verreiben. Linien mit schwarzem Filzstift aufmalen, gestanzte Papierpunkte aufkleben (Maske links) und Naturmaterialien mit der Klebepistole fixieren.

Waldgeister

Material

- Große braune Papiertüten
- Naturmaterial, z. B. getrocknete Herbstblätter, Walnussschalen, Kiefernzapfen, Erlenzäpfchen, Tannenzweige (eventuell künstliches Tannengrün)
- Tonkarton in Grün (Rest)
- Zeitungspapier
- Bürolocher

Vorlagen

E, F

Anleitung Seite 8

Material

- Geprägter Tonkarton in Gelb, Orange, Rot, in zwei verschiedenen Grüntönen, Hell- und Dunkelbraun (Rest)
- Eventuell Motivlocher „Kreis", mittel, groß

Vorlagen

G1, G2, H1 – H3

Apfel & Birne

1 Alle Teile nach den Vorlagen ausschneiden. Die Ausschnitte mit einem Cutter ausführen.

2 Stiele und Blätter der Abbildung entsprechend aufkleben. Wangenpunkte bei der Birne aufmalen, beim Apfel ausstanzen oder ausschneiden und dann aufkleben. Die Mundöffnungen mit Tonkarton hinterkleben.

3 An beiden Seiten ein Loch stanzen oder stechen, Hutgummi einziehen und verknoten (siehe Seite 4).

Wassermann & Nixe

Abbildung und Materialangaben Seite 14/15

1 Alle Teile nach den Vorlagen ausschneiden. Die Augen der Fische (J2) mit einem Locher stanzen. Punkte zur Verzierung entweder ausstanzen oder ausschneiden.

2 Für beide Kronen 2 cm breite Krepppapierstreifen von 30 bis 40 cm Länge innen ankleben, darauf achten, dass das Gesicht frei bleibt.

3 Soll die Krone der Nixe (J1) auf den Kopf gesetzt werden, die Form zusammenheften und einen Gummifaden an den unteren Kanten einziehen. Wird die Krone als Stirnband verwendet, an den hinteren Kanten Löcher stanzen, einen Gummi einziehen und dem Kopfumfang anpassen.

4 Die Krone des Wassermanns (I1) zusammenheften und mit Dreizacken (I2) verzieren. Einen Stern ausstanzen oder ausschneiden und in die Mitte kleben. An beiden Seiten ein Loch stanzen oder stechen und Hutgummi einziehen.

Wassermann & Nixe

Material

- Glanzkarton in Hellblau, Dunkelblau (Rest), Türkis, Gold
- Metallfolie in Pink
- Krepppapier in Hellblau, Königsblau, Grün
- Bürolocher
- Eventuell Motivlocher „Kreis", mittel, groß, „Stern", groß

Vorlagen

I1, I2, J1, J2

Anleitung Seite 12

Elefant & Affe

Material

Elefant

- Geprägter Tonkarton in Hell-, Mittel- und Dunkelgrau, Schwarz

Affe

- Geprägter Tonkarton in Gelb, Grün, Hell-, Mittel- und Dunkelbraun

Vorlagen

K1 – K5, L1 – L4

Elefant

1 Alle Teile nach den Vorlagen ausschneiden. Die Augenausschnitte mit einem Cutter ausführen.

2 Die helleren Innenteile auf die Ohren kleben. Zwei Tonkartonstreifen von 50 x 3 cm an der Rückseite der Ohren festheften. Die Ohren an die Kopfrückseite kleben.
Hinweis: Die beiden Streifen dienen zum Befestigen der Maske. Sie werden zum Schluss dem Kopfumfang des Kindes angepasst und überlappend zusammengeheftet.

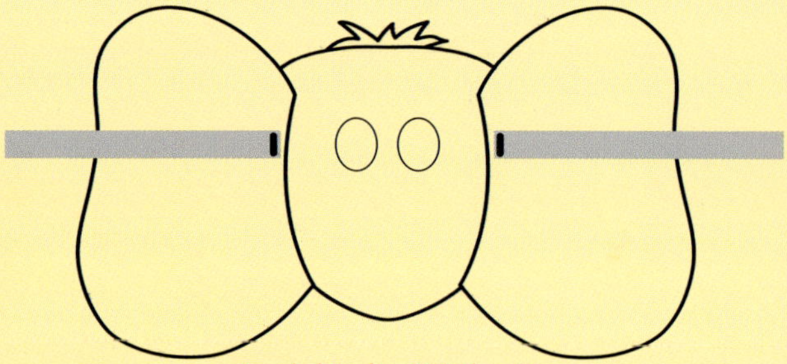

Ansicht der Rückseite

3 Das Rüsselende über die Tischkante ziehen, damit es sich leicht rollt, und den Rüssel auf die Maskenvorderseite kleben. Stirnhaare anbringen und alle Linien mit Filzstift aufzeichnen. Die Stoßzähne an der Kopfrückseite ankleben.

Affe

Alle Teile nach den Vorlagen ausschneiden, Ausschnitte mit einem Cutter ausführen. L1 auf L2 kleben. Ohren, Bananen, Blatt und Stirnhaare an der Rückseite fixieren. Den Mund hinterkleben und die Linie zwischen Mund und Nase zeichnen. An beiden Seiten Hutgummi anbringen (siehe Seite 4).

Ufos

Material

- Je 1 Pappteller, 26 cm Ø
- Glanzpapier oder Metallfolie in Grün
- Acrylmattfarben in Gelb, Orange, Rot, Grün, Blau
- 2 Styroporkugeln, 40 mm Ø
- 4 Wattekugeln, 20 mm Ø
- Chenilledraht in Rot, Blau
- 8 Spiegelmosaiksteine, 1,5 cm
- Eventuell Motivlocher „Stern"
- Pinsel
- Scharfes Messer zum Halbieren der Wattekugeln

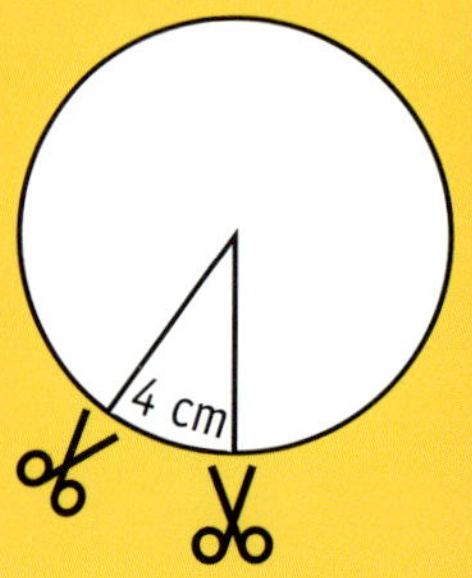

Vorlage P3

1 Aus den Papptellern jeweils ein Dreieck herausschneiden (siehe Zeichnung unten links) und die Teller überlappend zusammenheften.

2 Die Hüte mit blauer oder grüner Acrylfarbe bemalen und trocknen lassen. Styropor- und Wattekugeln in Rot, Gelb oder Orange bemalen.

3 Für den grünen Hut einen blauen Chenilledraht in der Mitte knicken und mit der Klebepistole am inneren Hutrand festkleben. Den Chenilledraht eng über einen Bleistift zu Spiralen wickeln und auf die Enden rot bemalte Styroporkugeln kleben. Den Hut mit ausgestanzten oder nach Vorlage P3 ausgeschnittenen Sternen verzieren.

4 Für den blauen Hut roten Chenilledraht mittig knicken. Mit der Schere eine kleine Öffnung in der Mitte des Papptellers stechen, den Chenilledraht einstecken und innen mit der Klebepistole fixieren. Den Chenilledraht zu Spiralen wickeln und bemalte Wattekugeln aufstecken.

5 Die Hüte mit halbierten Wattekugeln oder mit Spiegelmosaiksteinen verzieren.

Harlekin

Abbildung und Materialangaben Seite 20/21

Alle Teile nach der Vorlage ausschneiden. Die Augenausschnitte mit einem Cutter ausführen. Die Zacken (M2) über eine Schere ziehen, damit sie sich leicht rollen, und der Abbildung entsprechend an der Maskenrückseite fixieren. Mit Elastikfaden Metallglöckchen an einzelnen Zackenspitzen befestigen. Die Maske mit Blüte und Punkten verzieren.

Harlekin

Material

- Geprägter Tonkarton in Gelb, in zwei verschiedenen Orangetönen, Rot, Blau
- 5 Metallglöckchen, z. B. in Gelb, Rot, Grün, 15 mm Ø
- Elastikfaden in Grün, 1 mm Ø
- Eventuell Motivlocher „Kreis“, klein, mittel

Vorlagen

M1 – M3

Anleitung Seite 18

Feine Dame

Material

- Perlmuttkarton in Eosin
- Bastelwellpappe in Rosa
- Krepppapier in Weiß, Rosa
- Silberdraht
- Seitenschneider
- Wäscheklammer

Vorlagen

N1 – N5

Hut

1 Alle Teile nach den Vorlagen ausschneiden: N1, N2 aus Perlmuttkarton, N3 aus Wellpappe.

2 Die Zacken des Wellpappestreifens (N3) nach innen knicken. Den Streifen zum Ring rollen und zunächst nur mit einer Holzwäscheklammer fixieren. Den Hutrand N1 über den Wellpappering stülpen und den Ring so auseinanderdrücken, dass der Hutrand fest sitzt. Den Wellpappering zusammenheften und rundum mit der Klebepistole an der Hutkrempenunterseite fixieren. Den Hutdeckel (N2) auf die Zacken des Wellpapperings kleben.

3 Als Hutband einen Streifen Krepppapier von 4 x 200 cm anbringen, eine Schleife binden und die Enden kürzen.

4 Für die beiden Rosen 7 cm breite Krepppapierstreifen zuschneiden: 150 cm in Weiß sowie 60 cm in Rosa und 90 cm in Weiß. Das Krepppapier zuerst fest zu einem Stiel, dann sehr locker zur Blüte wickeln, bis das ganze Papier verbraucht ist. Bei der Rose in Weiß-Rosa das Papier in der zweiten Farbe einfach über das erste wickeln. Zuletzt den Stiel mit Silberdraht fest abbinden. Die Drahtenden abzwicken und die Rosen mit der Klebepistole auf den Hut kleben.

Tasche

1 Die Tasche nach Vorlage N4 aus Perlmuttkarton, die Henkel N5 aus Wellpappe ausschneiden. Die Tasche an den Seiten zusammenkleben und die Henkel einkleben.

2 Mit einer kleinen Krepprose (siehe oben) und einem doppelt gelegten Kreppband verzieren.

Ritter & Burgfräulein

Material

Ritterhelm

- Glanzkarton in Silber
- Musterbeutelklammern

Burgfräulein

- Perlmuttkarton in Rosa, Pink (Rest), Eosin (Rest)
- Geprägter Tonkarton in Rot (Rest)
- Krepppapier in Pink, Rosa
- Eventuell Motivlocher „Stern“, „Kreis“, klein

Vorlagen

01 – 03, P1 – P3

Ritterhelm

1 Alle Teile nach der Vorlage ausschneiden, Ausschnitte mit dem Cutter ausführen. *Tipp:* Die Teile zuerst aus Tonkarton anfertigen und je nach Kopfumfang anpassen, dementsprechend dann aus Silberkarton schneiden.

2 Den Helm (01) ringförmig biegen, die Rückseiten übereinanderlegen und mit drei Musterbeutelklammern verschließen.

3 Das Visier (02) mit zwei Musterbeutelklammern am Helm befestigen.

4 Den oberen Helmabschluss (03) bis zu den angegebenen Stellen einschneiden und die Seiten überlappend zusammenheften, sodass eine Schale entsteht. Links und rechts mit dem Cutter kleine Schlitze einschneiden (sie müssen zu den seitlichen Schlitzen im Helm passen). Den Abschluss mit zwei Musterbeutelklammern am Helm befestigen.

Spitzhut

1 Alle Teile nach der Vorlage ausschneiden. Die Grundform (P1) über eine Tischkante ziehen, damit sie sich leicht rollt, und tütenförmig zusammenkleben.

2 10 cm breite Krepppapierstreifen abschnittweise mit der Klebepistole innen am Hutrand festkleben. Einige Krepppapierstreifen in die Spitze einkleben. Den Hut verzieren.

3 An beiden Seiten ein Loch stanzen oder stechen, Hutgummi einziehen und verknoten (siehe Seite 4).

Katz & Maus

Material

- Geprägter Tonkarton in Mittel- und Hellgrau, Schwarz (Rest)
- Happy Papers – Ganzjahresmotive: „Herzen" in Rosa
- Happy Papers „Kätzchen"
- Papierschnur mit Drahteinlage in Weiß
- Filzrest in Rot
- Elastikfaden in Transparent
- Metallglöckchen in Silber, 10 mm Ø
- Bürolocher
- Klebefilm

Vorlagen

Q1, Q2, R1, R2

1 Alle Teile nach den Vorlagen ausschneiden, die Ausschnitte für Augen, Nase und Mund mit einem Cutter ausführen.

2 Wangen mit rotem Buntstift auftragen und mit angefeuchteter Fingerspitze verreiben. Linien mit schwarzem Filzstift aufmalen.

3 Für die Schnurrhaare die Linien neben dem Nasenausschnitt mit dem Cutter einschneiden. Papierschnüre auf die gewünschte Länge schneiden, durch die Schlitze stecken und auf der Rückseite mit Klebefilm fixieren.

4 Die Maus mit Innenohren, Haaren und Zähnen ausgestalten. Schwarze Locherpunkte der Abbildung entsprechend aufkleben.

5 Bei der Katze Innenohren, Haare und Fellstreifen aufkleben. Das Metallglöckchen auf den Elastikfaden fädeln und an der Stirn befestigen. Aus Filz einen schmalen Streifen von 2 x 4 cm schneiden, mit Elastikfaden mittig zusammenbinden und als Schleife über dem Glöckchen festkleben.

6 Die Barthaare wie bei der Maus anbringen. Mit dem Locher Punkte aus schwarzem Tonkarton stanzen und über der Nase aufkleben. Linien mit Filzstift aufzeichnen.

7 An beiden Seiten ein Loch stanzen oder stechen, Hutgummi einziehen und verknoten (siehe Seite 4).

Grüne Monster

Material

- Geprägter Tonkarton in Rot, zwei verschiedenen Grüntönen, Schwarz
- Krepppapier in Gelb, Orange, Grün
- Eventuell Motivlocher, „Kreis“, groß

Vorlagen

S, T1 – T3

1 Alle Teile nach den Vorlagen ausschneiden, die Augenausschnitte mit dem Cutter ausführen.

2 Für die Nasen jeweils Krepppapier knüllen, mit einem Krepppapierquadrat straff umwickeln und mit der Klebepistole auf den Masken fixieren.

3 Für die obere Maske 20 cm lange, grüne Krepppapierstreifen zuschneiden, an der Stirn fixieren und den Haarschopf aus Tonkarton darüberkleben. Kreppstreifen kürzen.

4 Für die Haare der unteren Maske gelbe Krepppapierstreifen zuschneiden, über eine Schere ziehen, damit sie sich leicht rollen, und an der Maskenrückseite festkleben.

5 Jeweils Mund und Zähne aufkleben. Bei der unteren Maske noch eine Zunge sowie gestanzte oder ausgeschnittene Wangenpunkte anbringen. Alle Linien mit einem schwarzen Filzstift aufzeichnen.

6 An beiden Seiten ein Loch stanzen oder stechen, Hutgummi einziehen und verknoten (siehe Seite 4).

Sonne, Mond & Sterne

Material

- Je 1 Pappteller, 18 cm Ø
- Geprägter Tonkarton in zwei verschiedenen Gelbtönen, Orange (Rest)
- Acrylmattfarbe in Gelb
- Motivlocher „Sonne", groß, eventuell „Stern", groß

Vorlagen

U1, U2, V1 – V3, W1, W2

1 Die Pappteller nach den Vorlagen zuschneiden, die Augenausschnitte mit dem Cutter ausführen. Die Außenseiten mit Acrylfarbe bemalen und trocknen lassen.

2 Strahlen, Mondsicheln und Halbkreis nach den Vorlagen aus gelbem Tonkarton ausschneiden und der Abbildung entsprechend ankleben. Mit ausgestanzten oder ausgeschnittenen Sternen, Sicheln und Sonnen verzieren.

3 Beim Mond drei schmale Tonkartonstreifen über die Scherenkante ziehen, damit sie sich einrollen, und als „Haare" ankleben.

4 Jeweils an beiden Seiten der Pappteller zwei eng nebeneinanderliegende Löcher stanzen oder stechen, Hutgummi einziehen und verknoten (siehe Seite 4).

Impressum

© Christophorus
im Verlag Herder
Freiburg im Breisgau 2007

ISBN-13 978-3-419-56824-8

Lektorat und Produktion:
Elke Fox, Freiburg

Styling und Fotos:
Christoph Schmotz, Freiburg

Covergestaltung und Layoutentwurf:
Network!, München

Coverrealisierung:
smp, Freiburg

Druck:
Freiburger Graphische Betriebe

Verlag Herder GmbH
Christophorus-Verlag
Hermann-Herder-Str. 4
79104 Freiburg

Tel.: 0761/2717-0
Fax: 0761/2717-352

E-Mail:
info@christophorus-verlag.de
www.christophorus-verlag.de

Weitere Titel von Ernestine Fittkau

ISBN 978-3-419-56791-3

ISBN 978-3-419-56767-8

ISBN 978-3-419-56806-4

ISBN 978-3-419-56819-4

Kreativ-Service

Sie haben Fragen zu den Büchern und Materialien? Frau Erika Noll ist für Sie da und berät Sie rund um die Themen Basteln und kreatives Hobby. Rufen Sie an! Wir interessieren uns auch für Ihre eigenen Ideen und Anregungen. Schreiben Sie an Frau Noll oder direkt an den Verlag, wir hören gern von Ihnen! Per E-Mail: **mail@kreativ-service.info** oder Tel. **071 50/30 27 77** | Mo. – Do.: 9.00 – 16.00 Uhr / Fr.: 9.00 – 13.00 Uhr